AF267682

EDMOND DESFOSSÉS

AFFAIRES D'ORIENT

LA QUESTION TUNISIENNE

ET

L'AFRIQUE SEPTENTRIONALE

ANGLETERRE — FRANCE — ITALIE

PRIX : 2 FR.

PARIS

CHALLAMEL AINÉ, ÉDITEUR

LIBRAIRIE ALGÉRIENNE ET COLONIALE

5, RUE JACOB, 5

1881

EDMOND DESFOSSÉS

AFFAIRES D'ORIENT

LA QUESTION TUNISIENNE

ET

L'AFRIQUE SEPTENTRIONALE

ANGLETERRE — FRANCE — ITALIE

PRIX : 2 FR.

PARIS

CHALLAMEL AINÉ, ÉDITEUR
LIBRAIRIE ALGÉRIENNE ET COLONIALE

5, RUE JACOB, 5

Les prétentions de l'Italie ont fait naître une *Question Tunisienne*.

L'Italie entend disputer la Tunisie à la France. Ces prétentions ont déjà inquiété l'opinion publique, et altéré les bons rapports qui existaient entre la France et l'Italie.

C'est donc une question à vider.

Nous nous adressons à l'opinion publique, notre Grand Juge à tous.

Pour cela, il faut l'éclairer.

Nous nous efforcerons de le faire, en exposant et en discutant, avec impartialité, les raisons qui peuvent militer en faveur de la France ou de l'Italie.

A nos lecteurs de décider.

Mais nous avons cru devoir étendre nos Études jusqu'à la *Tripolitaine*, à droite, et, à gauche, jusqu'au *Maroc*, en passant par-dessus l'Algérie.

Nous croyons, en effet, que toute cette partie des côtes africaines, que baigne la Méditerranée, est appelée à subir d'importantes, et, peut-être, de prochaines transformations.

Faire connaître leur situation actuelle n'est donc pas hors de propos. Quant au sort que nous leur prévoyons, et que nous espérons, pour elles et pour nous, nos lecteurs jugeront encore si nous sommes dans la vérité.

LA QUESTION TUNISIENNE

ET

L'AFRIQUE SEPTENTRIONALE

ANGLETERRE — FRANCE — ITALIE

> Au XIXᵉ siècle, le blanc a fait du noir
> un homme; au XXᵉ siècle, l'Europe fera
> de l'Afrique un monde.   (V. Hugo.)
>
> L'Algérie ne sera irrévocablement
> acquise à la France que par la posses-
> sion de la Tunisie.

CHAPITRE I

Considérations générales.

I

Lorsque M. de Freycinet abandonna le portefeuille des Travaux Publics pour prendre celui du ministère des Affaires Etrangères, avec la présidence du Conseil (28 décembre 1879), il crut devoir adresser à M. le Président de la République un rapport sur l'état d'exécution de son grand programme de travaux d'utilité générale, proposé deux ans auparavant, et adopté par les Chambres qui y consacrèrent six milliards, répartis en douze annuités.

A la fin de son Rapport, M. de Freycinet s'exprimait ainsi :

« Enfin, il est du devoir du gouvernement de porter ses regards
« hors de ses frontières, et d'examiner quelles conquêtes pacifi-

« ques il pourrait entreprendre. Le ministre des Travaux Publics
« a un des premiers rôles à jouer en pareille occurrence. C'est, en
« effet, par les voies de communications que la civilisation
« s'étend, se fixe le plus sûrement. L'Afrique, à nos portes, ré-
« clame plus particulièrement notre attention. Il faut essayer de
« rattacher à nous les vastes territoires que baignent le Niger et
« le Congo. Au moment où nous écrivons ce Rapport, trois mis-
« sions d'exploration partent du Centre, de l'Est et de l'Ouest de
« l'Algérie, pour rechercher s'il ne serait pas possible de jeter une
« voie ferrée à travers le Sahara, jusqu'au Soudan. »

Ces lignes sont comme un autre programme. Nous pouvons regretter que celui qui les a tracées n'ait pu garder assez longtemps
son portefeuille pour le réaliser. C'est un legs qu'il a fait à ses
successeurs.

Toutes les aspirations sont, en effet, tournées vers l'Afrique. Ce
n'est plus ce continent si stérile, inhabitable, avec ses immenses
déserts et sa mer de sable. Ses derniers et plus hardis explora-
teurs, dont Liwingstone et Stanley ouvrent la liste, nous ont
attesté l'existence de grands fleuves, de cours d'eau navigables,
de forêts immenses, de richesses minérales et naturelles ignorées,
de lacs qui sont de vraies mers intérieures, et d'une population
que M. de Lesseps ne porte pas à moins de cent cinquante millions d'habitants. Aussi, à la révélation de ce vaste champ d'exploitation, toutes les nations se sont elles émues, et c'est à qui
s'y implantera la première.

Cependant, c'est dans un sentiment plus élevé, celui de la civilisation, que le roi des Belges a formé la *Société internationale
de découvertes et de l'exploration de l'Afrique*, à laquelle se sont
bientôt ralliés, par des comités distincts, la France, le Portugal,
l'Italie, la Hollande, les Etats-Unis, etc. Bien des villes commer-
çantes aussi, en France comme à l'étranger, ont formé des comités spéciaux. Les missionnaires, protestants et catholiques,
vont de l'avant, explorent et jalonnent, et savent y mourir. Les
publications économiques, les Revues scientifiques et de géographie enregistrent avec empressement les nouvelles découvertes ;
et la presse quotidienne, cette sentinelle souvent passionnée,
mais toujours vigilante, ne laisse aucun fait important passer
inaperçu.

C'est donc aussi vers l'Afrique que la France doit porter ses regards ; ce doit être son objectif principal.

Aussi bien, la France possède déjà, sur la côte septentrionale de l'Afrique, une étendue de mille kilomètres. A l'intérieur, l'Algérie n'a d'autres limites que celles qu'elle s'est imposées, et qu'elle a récemment reculées par l'extension de son territoire civil ; et, à l'Est comme à l'Ouest, nous ne voyons que deux princes trop faibles pour qu'ils puissent entraver son action.

II

En l'état des relations commerciales et économiques du monde et des moyens de transport, c'est dans le bassin de la Méditerranée que se concentre la plus grande activité. C'est donc là que se doit concentrer la plus grande attention des économistes et des hommes d'Etat.

Napoléon Ier voulait faire de la Méditerranée un lac français. L'Italie, bercée par les décevantes espérances des Allemands, qui voudraient en faire leur alliée contre la France, rêve d'en faire un lac italien. C'est aussi insensé maintenant, que ce l'était autrefois.

Les produits de l'Afrique ne peuvent s'exporter que par l'Est, l'Ouest, ou le Nord de ce continent ; car il ne faut plus penser à doubler le cap des Tempêtes. Ceux de l'Est n'entrent dans la Méditerranée que par le canal de Suez ; ceux de l'Ouest traversent le détroit de Gibraltar ; et ceux du Nord gagnent la côte. Tout ce qui sortira par l'Est, ou par le Nord, est indubitablement acquis à la Méditerranée ; mais il faut admettre qu'une partie des produits de l'Ouest pourra se diriger directement, soit sur l'Espagne et le Portugal, soit sur la Belgique et la Hollande, soit vers l'Ouest de la France et l'Angleterre. Encore y aurait-il à examiner si, par la voie rapide et économique des chemins de fer, il n'y aurait pas avantage, pour ces mêmes produits, à pénétrer en Espagne et en Portugal par la Méditerranée ; et, pour la Belgique, la Hollande et l'Angleterre, à les recevoir par la même voie, en traversant la France.

En toute circonstance, on le voit, la France a le plus grand intérêt au développement industriel et commercial de l'Afrique.

Elle a donc intérêt aussi à ce que le développement de ses côtes s'étende depuis le Maroc jusqu'au désert qui sépare la Tripolitaine de l'Egypte.

Car, lorsque les caravanes trouvent toute sécurité pour atteindre l'Algérie, Tunis ou Tripoli, il faut admettre qu'elles ne s'aventureront pas à travers le Maroc ; c'est vers la côte qu'elles se dirigent toutes ; c'est donc toute cette côte que la France doit posséder.

III

Le *Maroc* est une conquête à laquelle il ne faut pas penser ; nous y rencontrerions d'ailleurs l'Espagne. Il vaut mieux veiller sur nos frontières, que nous devrions reculer, pour les rendre infranchissables, et chercher à exercer, sur ce souverain si souvent contesté, l'influence d'un bon voisinage, et d'une puissance juste et ferme, et qui sait se faire respecter.

L'*Algérie* nous est maintenant acquise, malgré quelques échauffourées de fanatiques.

La *Tunisie* est une souveraineté absolue et indépendante, sous la vassalité nominale plutôt qu'effective de la Porte, mais, en réalité, sous la Protection officieuse de la France.

La *Tripolitaine* est un vilayet relevant de Constantinople, avec un gouverneur turc.

Nous laissons au loin, au delà du désert et de côtes inhospitalières, l'*Egypte*, qui ne nous occupe pas, et qui est déjà plus sous l'influence de l'Europe que sous celle de la Turquie.

C'est là toute la côte Nord de l'Afrique.

Occupons-nous d'abord du Maroc et de la Tripolitaine, les deux points extrêmes ; nous reviendrons ensuite en Tunisie.

CHAPITRE II

Le Maroc.

Jusqu'à présent, on s'était peu occupé du Maroc. Mais, puisqu'il est entré dans les préoccupations de la politique européenne, nous avons le devoir d'en parler.

Le Maroc est un vaste empire, peu connu, dont la population est assez difficile à chiffrer, parce qu'il est occupé par des tribus pillardes et nomades, bataillant entre elles, et, quelquefois, contre leur souverain, qui trouve aussi des compétiteurs dans sa propre famille.

Admirablement situé sur les deux mers, le Maroc commande l'entrée de la Méditerranée, comme Gibraltar, mais plus avantageusement peut-être, parce qu'il a une plus grande étendue sur le détroit. Plus d'une fois, nous pouvons l'affirmer, l'Angleterre a proposé à l'Espagne d'échanger Gibraltar contre Ceuta, possession espagnole, située en face. Quelqu'invraisemblable que cela puisse paraître d'abord, on le comprendra cependant, en songeant que l'Angleterre ne peut pas s'étendre sur la péninsule Ibérique, et qu'elle se trouve réduite à son formidable rocher, et à une petite ville, limitée, mais qui lui sert au moins d'entrepôt pour la contrebande ; et on sait si elle en use ! A Ceuta, au contraire, en trouvant le même poste offensif, sauf à en augmenter les fortifications, elle aurait l'avantage de pouvoir s'étendre, et d'établir des comptoirs sur cette côte, où le pavillon britannique ne flotte pas encore.

L'Espagne ayant constamment refusé, les Anglais explorent le littoral, et leurs officiers arment les ports ; ce ne doit pas être sans vues d'avenir. Du port Juby, tout voisin du Maroc, et en face des Canaries, ils ont fait le port Victoria, et, déjà, le mot de *Protectorat* a été prononcé.

L'état de faiblesse et d'anarchie du Maroc a forcé les puissances à s'inquiéter de ce qui s'y passait, et à prendre des mesures de protection, pour les européens comme pour les indigènes. Ce sont les populations elles-mêmes qui l'ont demandé. Les Kabyles du Riff, qui ont pris l'initiative, ont délégué cinq de leurs chefs, à Madrid, pour solliciter du gouvernement espagnol son intervention et sa protection, en déclarant, qu'en cas de refus, ils demanderaient le *Protectorat* de la France ou celui de l'Angleterre.

Interpellé à ce sujet aux Cortès, M. Canovas del Castillo, président du conseil des ministres, a dit : « L'Espagne a de très grands « intérêts au Maroc ; mais il est une autre nation qui a, ou qui « prétend avoir des droits égaux aux nôtres. La nation française, « maîtresse de l'Algérie, exubérante en richesses, en population, « en forces de tout genre, cette nation qui prend actuellement « l'initiative de grandes œuvres, de grands travaux dans l'inté- « rieur de l'Afrique pour étendre, aujourd'hui son commerce, « demain sa domination peut-être, cette nation, dans une telle « situation, et limitrophe du Maroc, a de grands intérêts dans « cette région de l'Afrique. »

Mais, tout en reconnaissant cette supériorité de la France, l'organe du gouvernement n'a pas oublié, non plus, de constater les droits que pouvaient faire valoir l'Angleterre, l'Italie et l'Espagne elle-même.

En ce qui concerne la France, la question est d'une grande simplicité. Il faut que la sécurité règne sur nos frontières ; et nous avons le devoir d'empêcher les incessantes violations de notre territoire, en faisant nous-mêmes la police que le sultan marocain est impuissant à exercer. Il y a mieux : en présence des actes de brigandage que commettent continuellement ses sujets, au milieu de nos populations, et jusque sous les murs de nos villes, la prudence nous commande d'exiger la prompte annexion du territoire qui sépare la frontière naturelle de l'Algérie, de celle du Maroc. Cette frontière, nous enseigne la *Revue de géographie*, consiste dans une énorme chaîne de montagnes, dont les parois sont à pic, et qui pourrait devenir une barrière infranchissable, par l'établissement de quelques forts qui protégeraient nos nouvelles tribus. D'ailleurs, c'est à tort que ces espaces ont été laissés à l'empereur du Maroc, qui n'y exerce qu'une autorité fictive, après la victoire de l'Isly (14 août 1844), qui eut lieu sur son territoire, puisqu'ils faisaient partie, autrefois, du royaume de Tlemcem et du beylik d'Oran, dépendant de la principauté d'Alger.

Sur la proposition de l'Espagne, une Conférence internationale à laquelle ont pris part l'Allemagne, la Belgique, la France. l'Italie, les Etats-Unis, le Portugal, s'est réunie à Madrid (mai 1880), avec les envoyés du Maroc, à l'effet de s'entendre sur le droit de protection que l'on pourrait accorder à certains sujets marocains, et, surtout, aux juifs. La divergence des intérêts des différentes puissances s'y est révélée tout entière. Les difficultés viendront et sur l'application du droit en lui-même, et sur ses limites, et sur son mode d'exercice. Or, les puissances ont-elles entendu que leurs résolutions seraient imposées par la force ? Car qu'est-ce qu'un droit qui n'a pas la force pour sanction ? Et, si vous n'avez ni la volonté ni la force de faire exécuter vos résolutions, mieux aurait valu que vous ne les prissiez pas, parce que vous n'aurez fait qu'exciter le fanatisme musulman contre ceux que vous aurez voulu protéger. Nous entrevoyons tant de difficultés pour rendre efficaces les résolutions prises, qu'il est douteux qu'un résultat satisfaisant puisse être obtenu.

Pour la France, il nous semblerait sage de profiter des dispositions d'une partie de la population, celle de la frontière, pour la rattacher à nous, sous forme de rectification de frontières, ou de *Protectorat ;* et cela, avec d'autant plus de raison, que ces tribus ont été, autrefois, sous la dépendance de Tlemcem ou d'Oran, qui nous appartiennent, et qui forment notre frontière de ce côté. Ce ne sont pas ces tribus qui refuseraient de changer de domination.

Que si une autre puissance avait la témérité de s'engager dans une prise de possession de tout ou partie du Maroc, il ne faudrait pas trop nous en inquiéter, parce qu'elle aurait bientôt à le regretter.

Il est essentiel de remarquer pourtant que ces résolutions laissent intact le territoire, et qu'on se défend de vouloir porter aucune atteinte à la souveraineté de l'empereur.

Nous croyons donc que la conférence internationale de Madrid n'aboutira à rien de bien satisfaisant, parce qu'il n'en est pas sorti d'énergiques résolutions à exécuter collectivement. C'est là ce qu'il y a de difficile et de dangereux, nous le reconnaissons ; aussi, conseillons-nous de ne pas trop nous y engager.

La question du Maroc n'est pas encore suffisamment mûre.

Nous faisons, avec cet empire, un commerce d'une importance relative au moins, par caravanes qui arrivent toutes à Tlemcem. Lorsque le chemin de fer Trans-Saharien sera décidé, les Marocains viendront à nous, comme rudes travailleurs d'abord, puis comme producteurs. Nos échanges s'étendront, notre influence se développera, et la tranquillité de nos frontières sera assurée ; ce qui sera déjà un point capital.

Certes, nous ne conseillerons jamais la conquête du Maroc ; son *Protectorat* même ne devrait être accepté qu'à des conditons bien méditées. Mais, de cet état d'anarchie, de ces plaintes, de ces prières au dehors, nous devons inférer qu'il y a là une situation très troublée, qui produira un jour une dislocation. Dans cette éventualité, il serait d'une grande importance de rectifier notre frontière, en la reculant, et, s'il était possible, d'obtenir quelques points sur la côte, entre Nemours et le détroit.

Il faut donc veiller sur le Maroc, et ne pas nous désintéresser de ce qui s'y passe : il est notre voisin, et il tient l'une des clés de la Méditerranée.

L'Empereur du Maroc n'a aucune attache avec la Porte : il est souverain absolu. Au point de vue religieux, il se considère comme l'égal, au moins, du Khalife de Constantinople, parce qu'il descend lui-même des Khalifes Ommiades d'Espagne.

On pourrait donc traiter directement avec le Maroc.

CHAPITRE III

La Tripolitaine.

Du Maroc passons en *Tripolitaine*.

La Tripolitaine est un vilayet turc, avec un gouverneur envoyé de Constantinople.

Son étendue est bien plus grande que celle de la Tunisie, dans l'intérieur surtout ; mais c'est le désert.

Sa population est de 750.000 à 800.000 habitants.

Tripoli, ville capitale, en a 30.000 au plus, dont 4.000 européens.

Du golfe de Gabès (*Syrtis minor*), qui devait alimenter la mer intérieure du commandant Roudaire, jusqu'à Tripoli, c'est déjà le désert. La ville de Tripoli est comme un centre, sur la côte, entourée d'une oasis au delà de laquelle commencent ces espaces si étendus que l'homme a abandonnés.

Car c'est à peine si nous osons parler de Ben-Ghazi, l'ancienne *Bérénice*, et de Cyrène, que nous trouvons au loin, à 640 et 660 kilomètres, en suivant cette côte barbaresque, cités-ruines, rivages brûlés que n'abordent jamais que de rares bateaux côtiers, mais d'où partent, cependant, quelques caravanes pour Tripoli.

Le chiffre d'importation de cette province, 20 millions, se balance avec les exportations.

Mais c'est une station importante, en ce que, c'est vers Tripoli que se dirigent presque toutes les caravanes du désert, dont le nombre augmente chaque année. Ces caravanes tendent à abandonner Khartoum, dans la Haute-Egypte, leur entrepôt plus que séculaire, d'où partaient les marchandises, jusqu'à Alexandrie, en descendant le Nil.

L'Arabe du désert apporte principalement des plumes d'autruches, de l'ivoire, de la poudre d'or et de l'alfa.

Il emporte des cotonnades, de la soierie, de la quincaillerie, des cuirs, des graines, de la laine, de la poudre et des armes.

Il n'est pas rare de voir un chameau chargé de plus de 100.000 f. de plumes d'autruches.

Presque tout le commerce se fait par les Anglais de Malte ; les Français viennent ensuite.

La Porte ne doit tirer qu'un bien faible tribut de cette province torride.

Les exactions et les cruautés des Turcs y sont sans exemple.

La population est très misérable. Elle demande, et leurs chefs aussi, quand nous viendrons les délivrer ; car ils nous croient déjà maîtres de la Tunisie.

En 1855, tout avait été préparé pour que Tripoli fût enlevé par un coup de main, de complicité avec les chefs principaux. Mais l'Empereur, considérant que lorsqu'il combattait pour la Turquie, (guerre de Crimée), ce n'était pas le moment de lui enlever une de ses possessions, envoya l'ordre d'abandonner le projet.

Il ne saurait y avoir *Protectorat* sur cette province : c'est la cession qu'il faudrait en obtenir de la Turquie.

Serait-ce bien difficile ? Nous ne le croyons pas, car la Tripolitaine est sans profit pour elle : ni relations commerciales, ni soldats, ni argent. Ce n'est qu'un poste lucratif pour l'un de ses favoris.

La Turquie nous doit assez, et elle a encore assez à attendre de nous, pour nous faire ce sacrifice. Elle en a fait de bien plus considérables en faveur de l'Angleterre, qui a su demander. L'Anglais est pratique ; il ne se croit obligé à aucun service, sans compensation.

Par la cession de Tripoli, étant admis le *Protectorat* ou l'annexion de la Tunisie, nous serions maîtres de toute la côte, depuis le Maroc jusqu'à l'Egypte ; et presque toutes les richesses de l'Afrique passeraient par chez nous, et l'importation aussi.

Quelles belles conquêtes ! et faciles, et pacifiques ! Ah ! combien nous serions blâmables de les dédaigner, quand d'autres, possédant déjà l'Algérie, n'auraient plus à les faire !

Et quelle force sur la Méditerranée !

Et quel aliment nouveau pour notre marine marchande en souffrance !

Depuis le 1er juillet 1880, un paquebot-poste, subventionné par le gouvernement français, fait le service entre Tunis et Tripoli, deux pays qui ne lui appartiennent pas.

Toujours généreuse la France !

CHAPITRE IV

La Tunisie. Son état actuel.

I

Examinons maintenant ce qu'est la Tunisie, objet principal de ce travail (1).

La Tunisie a une étendue de 1.000 kilomètres sur la Méditerranée, avec quelques bons mouillages.

Elle est limitée, à l'Est par la Tripolitaine, à l'Ouest par l'Algérie, au Sud par le désert.

Sa superficie est évaluée à 6.000 lieues carrées.

Sa population, qui était de 3.000.000 d'habitants, il y a une trentaine d'années, réduite à 2.500.000, en 1864, ne s'élève pas, aujourd'hui, à 1.000.000, dont 100.000 à Tunis, parmi lesquels 25.000 européens. C'est un affaissement graduel et continu.

A part beaucoup de petits ruisseaux (oueds), qui disparaissent chaque année, après les pluies, et qui pourraient être si facilement utilisés, on ne compte que trois grands cours d'eau, dont un seul, la Medjerdah, ne tarit pas pendant les grandes chaleurs.

C'est un pays de broussailles, faute de culture et d'habitants, mais qui rend avec prodigalité la semence qu'on lui confie ; car le sol est extrêmement fertile. La vigne y fait merveille. C'est le pays des olives, des oranges, des dattes, des nombreux troupeaux, des parfums, et surtout de l'orge et du blé. *Ager frugum fertilis, bonus pecori, arbori infecundus.* (Sallust.) Les minerais et les matériaux de construction sont abondants, les eaux thermales nombreuses. Selon les divisions romaines, ce fut l'*Afrique propre*, la *Byzacène* ou la *Zeugitane* ; mais, en tous temps, ce fut l'un des plus abondants greniers de Rome.

Or, ce qu'elle produisait autrefois si abondamment, elle pour-

(1) Voy. notre artic'e sur la *Tunisie* physique et économique; (Revue de Géographie février 1879).

rait le produire encore aujourd'hui ; car c'est toujours le même
sol et le même soleil.

Partout on rencontre de nombreuses ruines, assez rapprochées,
de cités disparues, et des vestiges des voies romaines qui les
mettaient en communication. Tout cela est maintenant désert. La
population a disparu, et les villes sont remplacées par de misé-
rables gourbis.

C'est un pays qui s'affaisse graduellement, fatalement, jusqu'à
ce qu'arrive l'effondrement.

II

La Régence de Tunis relève, nominalement, de la Porte, par
une sorte de vassalité resserrée par le firman du 22 octobre 1871,
dont nous parlerons bientôt.

Mais, en fait, sans la protection officieuse et désintéressée de
la France, l'Etat de Tunisie n'existerait plus depuis longtemps.

Le Bey de Tunis, Mohamed Essadok, a soixante-huit ans. Sa
dynastie règne et gouverne depuis 1705, et lui-même, depuis le
21 septembre 1859.

Son gouvernement? Oriental et musulman, c'est tout ce que
nous voulons en dire (1). L'Arabe est taillable et corvéable à
merci et sans miséricorde.

L'armée se compose d'environ 2.000 soldats, jeunes et vieux,
pieds nus dans des savattes, en guenilles, sans équipement, aussi
mal nourris que rarement payés, qui tricotent en montant leur
garde, et qui ne tiendraient pas devant un de nos bataillons.
Joignez-y quelques centaines de spahis, comme cavalerie irrégu-
lière, plus redoutés comme exacteurs que comme soldats, et
c'est tout.

La marine? Elle est représentée par deux avisos qui ne pourraient pas tenir la mer (2), et..... un ministre de la marine,
comme il y a un ministre de la guerre.

____

(1) Les relations que notre auteur a conservées en Tunisie, semblent lui imposer une
réserve que nous ne saurions blâmer, mais que nous pouvons regretter; parce que nul
mieux que lui ne pouvait nous faire connaître ce gouvernement, et nous donner la biogra-
phie de ses principaux personnages.   (*Note de l'éditeur.*)
(2) C'est l'aviso royal l'*Estafette*, de la marine italienne, qui a dû aller chercher et
reconduire à la Goulette, la mission qui est allée complimenter le roi Humbert à Palerme.

Du reste, ni routes, ni travaux publics, ni entretien, ni éclairage ; peu de sécurité, ni ordre, ni administration. On dirait que les gouvernants croient à ce bourdonnement incessant qui les menace de leur fin prochaine : ils thésaurisent et cherchent à se garer.

III

La Tunisie a une dette consolidée de 125 millions de francs, représentée par 250.000 obligations de 500 francs chacune, dont les intérêts, à 5 0/0, sont fort arriérés, dans leur intégralité.

Elle a, en outre, une dette flottante d'environ 15 millions, qui s'augmente chaque année, et qu'il faudra encore consolider un jour, en rouvrant le Grand-Livre ; mais avec quoi paierait-on les intérêts seulement ?

Car, sur les revenus ostensibles qui s'élèvent à 12 ou 15 millions peut-être, près de la moitié en a été déléguée aux créanciers ; le surplus appartient au Bey, aux Mosquées, ou à quelques grands fonctionnaires de l'Etat.

Inutile de parler d'amortissement de la dette, acte d'économie et de prévoyance : les 2.500 obligations qui avaient pu être amorties ont été remises en circulation par Khérédine.

C'est donc, avec l'administration actuelle, une nouvelle catastrophe financière à prévoir.

Ceci nous intéresse ; car on estime que, sur les 125 millions de la dette, près de 100 millions se trouvent entre des mains françaises.

Nous devons ajouter que la loi du 26 mars 1877 a garanti un intérêt de 6 0/0 au capital employé pour la construction du chemin de fer de Tunis à la frontière algérienne, et que les nouvelles lignes concédées, et le coût du port, porteront ce capital garanti à près de 100 millions. Or, de longtemps, les revenus de ces grandes entreprises ne paieront que leurs frais d'administration et d'exploitation. Ce sera donc, par la garantie du Trésor français, une charge annuelle d'au moins 5 millions.

Et combien d'autres sommes à ajouter au passif du Bey, comme les expéditions maritimes de 1838 et de 1864, qui l'ont conservé sur son trône ?

Or, nous ne croyons pas exagérer en disant que nous avons plus de 200 millions engagés dans la Régence ; plus que ne vaut la Tunisie tout entière !

On voit donc, au seul point de vue des intérêts, combien nous avons de raisons de considérer la Tunisie comme nôtre.

IV

Depuis un demi-siècle que nous sommes en Algérie, nous avons eu souvent à nous plaindre de nos voisins les Beys de Tunis.

Les griefs ne nous ont donc pas manqué pour nous emparer de la Régence, si nous l'avions voulu. Avons-nous bien fait ? Peut-être, jusqu'à présent du moins, parce que la conquête de notre Algérie n'était pas encore suffisamment consolidée, et que nos intérêts, en Tunisie, n'étaient pas aussi considérables.

On se souvient qu'à la fin de janvier 1878, un bateau français, l'*Auvergne,* fut jeté par la tempête sur la côte de Tabarque, et que nos marins furent entièrement dépouillés, et le vaisseau pillé par les Kroumirs, tribu tunisienne, à quelques lieues de la Calle, port français.

En décembre 1869, autre naufrage sur la même côte, traitements aussi cruels par les Kroumirs (1).

Et cela, en violation de l'article 3 du traité du 8 août 1830, et de toutes nos Capitulations, qu'il n'est pas d'ailleurs dans la puissance du Bey de faire exécuter.

Nous ne parlerons pas d'assassinats restés impunis, ni d'intérêts divers gravement lésés, ou encore en souffrance.

Ce n'est ni par Bône, ni par Philippeville que s'introduisent la poudre et les armes dans nos provinces frontières ; c'est par la Tunisie. Ce sont les Anglais qui, de Malte, les débarquent sur la côte de Sfax, en contrebande, ou de connivence avec les autorités tunisiennes, et les font filer, par caravanes, à travers les tribus du Sud, jusqu'en Kabylie. C'est une violation de l'article 15 de la convention anglaise du 19 juillet 1875, qui tomberait entièrement s'il y avait *protectorat.*

(1) Voyez notre article sur les *Kroumirs*, avec carte de cette région insoumise, *Revue de Géographie*, août 1879.

Ce sont ces introductions clandestines de poudre et d'armes de guerre, que nous pourrions empêcher, si nous savions surveiller notre frontière autrement que par un simple poste d'agent consulaire au Kef, qui ont donné l'idée, peut-être, et, dans tous les cas, qui ont rendu possibles la grande insurrection Kabyle de 1871, et celle plus récente des tribus de l'Aurès.

Tout récemment, n'a-t-on pas accusé l'Italie d'employer les mêmes moyens pour introduire des armes contre nous, én même temps que son journal arabe subventionné, le *Mustakel*, excitait à la révolte les arabes de l'Algérie et de la Tunisie ?

Supprimez la cause, et l'Algérie restera paisible et laborieuse.

V

La France a donc, seule, des griefs sérieux contre la Tunisie.

Les autres nations, et il ne faut guère parler que de l'Angleterre et de l'Italie, n'ont que de minces débats mercantiles, qui s'apaisent toujours.

Mais la nation française, répondant à l'appel du gouvernement tunisien, lui a confié un capital considérable , qui est fort en péril.

A ce capital s'ajoutent 5 millions par an, pour la garantie des intérêts des sommes dépensées pour la plus grande prospérité de la Tunisie ; et pour la subvention au service maritime qui dessert toutes ses côtes.

Mais, ce qui prédomine, c'est la garde de nos frontières ; c'est la tranquillité de l'Algérie.

Tout doit fléchir devant ces considérations capitales.

CHAPITRE V

Les droits de la Turquie.

Au milieu du mouvement, du progrès, de la vie qui la déborde, la Tunisie doit cesser d'être.

C'est une conséquence fatale de la fin de l'empire Ottoman.

Ce n'est pas nous qui le disons ; c'est tout le monde.

Cette ancienne puissance Barbaresque, qui recèle encore des pirates sur ses côtes, est un anachronisme sur la Méditerranée.

Frappée d'anémie, comme tout ce qui est musulman, elle résiste à toute infusion européenne qui pourrait la régénérer.

Elle a conscience de sa chute et fait tout pour la retarder.

Qui donc pourrait la soutenir ?

La Turquie, sa suzeraine ?

Elle est trop affaiblie pour pouvoir y songer : elle a assez de se préserver elle-même.

Il est vrai que, par le firman de 1871, elle a tenté de la rattacher à elle (1).

Mais ce firman, accepté par le Bey inconscient, sous le prétexte hypocrite, avancé par Khérédine, ministre félon, agent turc, et devenu, depuis, Khérédine Pacha et Grand-Vizir, que la France, tombée, était désormais trop faible pour le protéger, est virtuellement aboli, puisque la France, protectrice, est redevenue tout aussi puissante qu'autrefois, et que le suzerain ne saurait plus défendre son vassal.

D'ailleurs, ce firman n'a jamais été reconnu ni par la France, ni par les autres puissances ; c'est comme s'il n'existait pas.

En *fait,* et depuis la conquête d'Alger, nous avons toujours traité la Tunisie comme une souveraineté indépendante.

Le Bey nomme et révoque tous les fonctionnaires ; il fait les lois, rend la justice, lève des soldats, établit des impôts, contracte des emprunts, a des représentants à l'étranger, envoie

(1) Texte, historique et commentaire de ce firman, v. *La Tunisie,* in-8, chez Ghio, lib. Palais-Royal.

complimenter les souverains et reçoit leurs députations, est exempt de tout tribut, et l'hérédité est reconnue dans sa famille.

Ce sont bien là les attributs de la souveraineté.

Et le *droit* découle naturellement de toutes ces attributions.

Il n'y a donc pas à craindre une ingérence sérieuse dans les conventions qui pourraient être faites avec le souverain de la Tunisie.

Cependant, il faut envisager le cas où la Porte s'opposerait à ce que la Tunisie se plaçât sous le *Protectorat* d'une puissance étrangère.

En *droit public*, la Tunisie est toujours sous la vassalité de la Porte.

Mais, *en fait,* cette vassalité est purement nominale.

Le firman de 1871, en reconnaissant au Bey tous les droits de la puissance souveraine, lui a bien, il est vrai, interdit « le droit « de conclure des conventions ou actes internationaux ayant rap- « port aux affaires politiques »; mais ce firman, en langue turque incomprise, et qui fut une surprise, n'a jamais été reconnu par ceux auxquels on voudrait l'opposer : l'Angleterre, en 1875, l'Italie, en 1878, ont fait des traités de commerce avec le Bey, sans plus se soucier du firman que s'il n'existait pas.

D'ailleurs, on doit le proclamer aussi : le lien qui unit un vassal à son suzerain, oblige celui-ci à une protection effective, sans laquelle la dépendance n'a aucune raison d'être.

Obéissance et protection sont les deux termes du contrat.

Or, dans l'état de faiblesse et de décomposition où se trouve la Turquie, il lui serait impossible de défendre le Bey contre une agression extérieure.

Si cette protection lui fait défaut, par celui qui la lui doit, le Bey n'a-t-il pas le droit de chercher un autre point d'appui ?

Et n'est-ce pas là le motif que Khéridine a allégué, pour engager son souverain à solliciter le firman de 1871 ?

Donc, étant démontré que le Sultan est impuissant à protéger son vassal, il faut dire que le Bey a le droit incontestable de se détacher entièrement de son suzerain, de se déclarer complètement libre, et de chercher ailleurs l'appui dont il a besoin.

Reste l'attache religieuse. Mais tous les Etats catholiques sont plus ou moins rattachés au Vatican, pour leurs croyances religieuses ; et, au point de vue politique, ils en sont complètement indépendants ! Pourquoi n'en serait-il pas de même de la Tunisie à l'égard du Khalife de Constantinople ?

En toute occurrence, le Sultan aurait donc meilleure grâce de laisser faire, parce que le droit lui ferait défaut.

Il n'est que quasi-suzerain ; le vrai souverain, c'est le Bey Sadok ; et, à l'occasion de la dernière guerre Turco-Russe, nous avons démontré que le souverain ne devait rien au suzerain (1).

(1) *La Tunisie*, etc., p. 52 et suiv.

CHAPITRE VI

L'attitude de l'Angleterre.

L'Angleterre paraît se désintéresser de ce qu'on a grossi outre mesure sous le titre de : *Question Tunisienne;* mais son œil vigilant ne saurait manquer de surveiller les changements qui peuvent s'opérer sur la Méditerranée. La France ne l'inquiète pas, parce que, entre Port-Vendre, Toulon, Marseille et l'Afrique, il y a toute la largeur de cette mer. D'ailleurs, depuis un demi-siècle que nous possédons l'Algérie, à son grand déplaisir peut-être, nous n'avons jamais été ni un obstacle, ni une menace pour elle.

Mais, il n'en saurait être de même de cette longue terre qui s'appelle l'Italie, dont la tête est soudée au continent, avec des bras qui s'étendent jusqu'à Gênes et à Venise, et dont le corps se prolonge dans la Méditerranée, avec la Sardaigne et la Sicile comme annexes. Si cette puissance était maîtresse de la Tunisie, elle serait souveraine sur la Méditerranée. De la Goulette à Trapani et à Palerme, il n'y a qu'un jour de mer; et, du cap Bon, on peut apercevoir la Sicile. Il serait donc impossible de passer de la Méditerranée européenne dans celle orientale, sans la permission de l'Italie. Ainsi posée par les prétentions de cette puissance, la *Question Tunisienne* devient une question d'intérêt européen; et cet intérêt exige que la passe entre l'Afrique et la Sicile, soit libre pour tous. Autrement, il lui serait facile, par ses flottes croisées, d'intercepter le passage pour l'Asie-Mineure, l'Archipel, Constantinople, Malte, Chypre, la Syrie, l'Egypte et le canal de Suez, route des Indes, c'est-à-dire de paralyser la puissance et les richesses de l'Angleterre principalement, ou de l'obliger à un accroissement de forces et de dépenses.

Or, on peut être assuré que l'Angleterre n'acceptera jamais cette situation. L'habileté, la persistance et la fourberie qu'elle a déployées depuis des siècles, pour s'assurer partout un libre passage, avec points de relâche, de ravitaillement, de retraite ou d'attaque, devraient donner à l'Italie la certitude que jamais l'Angleterre ne voudra être exposée à passer entre les feux croisés d'une flotte italienne.

Les Anglais ne-sont pas, par ailleurs, sans quelque crainte de l'Italie. Cette jeune nation, qui cherche partout des colonies, vient de s'emparer de la baie d'Assab, au bas de la mer Rouge, en face de Périm, où il n'y avait d'abord qu'un comptoir de la compagnie maritime Rubattino, qu'elle s'est fait céder. L'Italie a donc pied dans l'Abyssinie. Elle va pouvoir y pénétrer, se faire l'alliée du roi Jean, l'aider peut-être à refaire son royaume, qu'il placera sous le *Protectorat* italien, effaçant ainsi le dernier prestige de l'Angleterre, qui fut obligée d'abandonner ce pays, n'emportant, pour tout trophée, qu'un prisonnier : le roi Théodoros. Or, Assab ne peut manquer d'affaiblir l'importance de Périm et d'Aden, au grand mécontentement de l'Angleterre. Mais nous devons demeurer étrangers à ces complications.

L'Angleterre a donc les plus puissantes raisons pour s'opposer à ce que l'Italie possède la Tunisie.

A la France opposante, l'Italie devrait donc ajouter l'Angleterre.

CHAPITRE VII

La Tunisie au Congrès de Berlin.

En plein congrès de Berlin, l'Angleterre ne craignit pas de révéler l'existence du traité du 4 juin, par lequel la Turquie lui abandonnait l'île de Chypre.

Pas une protestation ne se fit entendre.

Plus tard, elle obtenait le *Protectorat* de la Turquie d'Asie.

Même silence de la diplomatie.

C'était la récompense, ou le prix, déjà stipulé d'avance, et secrètement, de l'appui diplomatique qu'elle avait donné à la Turquie ; appui dont le résultat avait été l'abandon du traité de San-Stéfano, et le congrès de Berlin.

On a dit qu'il avait été insinué à la France, pour éviter ses objections, qu'on ne ferait aucun obstacle à ce qu'elle s'emparât de la Tunisie.

Et on ajoute même que M. de Bismark aurait déclaré qu'il n'y avait pas à s'occuper de la Tunisie, parce qu'elle devait nécessairement revenir à la France, comme étant un faubourg de l'Algérie.

Car, au congrès de Berlin, on s'occupait à dépecer le cadavre musulman.

Quoi qu'il en soit de ces *on-dit*, qui ont acquis un caractère de certitude, bien que les documents officiels n'en parlent pas, ils révèlent une situation vraie.

Le représentant de la France a donc eu tort de refuser, s'il est vrai qu'une offre lui a été faite ; ou il a eu tort de ne pas demander ce qu'on était tout disposé à lui accorder.

Nous eussions pris possession de la Tunisie tout aussi facilement que l'Angleterre a pris possession de Chypre.

Croit-on qu'en situation pareille, l'Italie eût refusé, ou même qu'elle n'eût pas demandé ?

Pour la France, c'eût été une récompense, aussi légitime et moins contestable que celle obtenue par l'Angleterre ; car on ne peut nier, qu'elle aussi, a apporté à la Turquie un concours des plus efficaces.

La *Question Tunisienne* se serait trouvée tranchée, et nous n'en aurions plus les soucis.

Cela valait mieux que ce dédain sentimental, qui n'est pas d'un homme d'Etat, d'*être revenu les mains nettes*.

CHAPITRE VIII

Combinaisons de partage et de neutralisation.

Nous avons raconté, ailleurs (1), comment l'Empereur avait eu la malheureuse pensée d'offrir la Tunisie à Victor-Emmanuel, et comment aussi, mieux instruit, il avait pu retirer cette offre avant qu'elle fût acceptée.

Le roi d'Italie avait beaucoup hésité. Il avait compris qu'une semblable acquisition ne pourrait être avantageuse qu'avec une population qui n'existe pas, des dépenses considérables qu'il ne pouvait pas faire, et une armée qu'il ne saurait y envoyer ni entretenir.

C'est à cette occasion que le sage Visconti Venosta, alors ministre des affaires étrangères, répondit que « *l'Italie n'était pas assez riche pour se permettre le luxe d'une Algérie.* »

Depuis, on a parlé du *partage* de la Tunisie entre la France et l'Italie. La France aurait eu toute la rive gauche de la Medjerdah, jusqu'à Porto-Farina, où elle se jette dans la mer, c'est-à-dire presque toute la côte Nord. Mais tout le golfe de Tunis, depuis Porto-Farina jusqu'au cap Bon, et tout le littoral, depuis le cap Bon jusqu'à Gabès, auraient été dévolus à l'Italie. L'importante ville de Tunis, qui est toute la vie de la Régence, aurait été aussi attribuée à l'Italie ; et la France eût été obligée de se construire un port à Bizerte.

C'est tout simplement de la fantaisie !

Peut-être qu'en tirant une ligne qui partirait de Tébourba ou de Djédéïda, on aurait pu comprendre Tunis dans le partage français ? Mais, dans cette combinaison, quels eussent été les avantages pour l'Italie ? Elle n'aurait pu aborder ses possessions que par l'Est, dont l'accès est si difficile à cause des bas-fonds ; ce qui eût été sans profit pour elle, mais non sans grand danger pour nous, puisque, comme le font aujourd'hui les Anglais, il lui eut été facile, à l'aide de petits bateaux, d'introduire chez elle armes

(1) La *Tunisie*, etc., p. 61 et suiv.

et munitions, qu'elle aurait dirigées sur l'Algérie. C'est un danger que nous devons conjurer.

Ce *partage,* en admettant qu'il fût possible, n'aurait offert de réels avantages à l'Italie qu'autant qu'à la portion de territoire cédée elle aurait pu joindre celui de Tripoli ; ce qui, en lui donnant une grande étendue de côtes, lui aurait permis de pénétrer dans l'intérieur de l'Afrique et d'en diriger les produits vers ses ports. La France et l'Italie se fussent ainsi trouvées en contact, par violation de frontières, révoltes ou émigrations de tribus, contrebande, et tant d'autres causes de conflits, qu'il faut prévoir pour les éviter.

Il est douteux, d'ailleurs, que ce partage suffît à l'Italie, parce que, ce qu'elle désire, c'est ce territoire qui regarde le sien ; c'est d'être maîtresse du passage, à l'intérieur, comme l'Angleterre l'est, à l'entrée, par Gibraltar ; c'est l'impossible enfin.

La France a mis un demi-siècle à s'assurer la possession de l'Algérie. Et que d'armées ont été entretenues, que de milliards ont été dépensés ! Seule, la France était capable de mener à bien une pareille entreprise. L'Italie oserait-elle tenter la conquête d'une autre Algérie ? Qui aurait la témérité de le proposer ? Nous savons bien que cette conquête serait moins difficile que celle de l'Algérie ; mais encore, l'Italie, avec une dette qui dépasse dix milliards, est-elle en situation de jeter et d'entretenir une armée en Afrique ? Ne trouverait-elle pas, à côté d'elle, la France opposante ou sourdement hostile ? L'Angleterre elle-même, de Malte, n'approvisionnerait-elle pas les rebelles, clandestinement, d'armes et de munitions ? Entourée d'ennemis déclarés ou occultes, l'Italie serait obligée de se défendre contre tous, et elle succomberait infailliblement. Entre la France et l'Italie, la situation est donc bien différente ; l'Italie serait condamnée à une conquête onéreuse et douteuse, tandis que la France, sans danger pour elle, n'a qu'à s'étendre et à prendre possession. D'ailleurs, la Tunisie ne pourrait être scindée qu'en scindant aussi la grande voie ferrée qui la parcourt sur 200 kilomètres ; et cette impossibilité deviendra plus grande encore, lorsque la ligne nouvellement concédée, de Tunis à Sousa, en parcourant toute la riche province du Sahel, desservira tout le littoral.

Enfin, on a proposé, — toujours les Italiens, — de reconnaître l'indépendance de l'Egypte, de Tripoli et de Tunis, ou, au moins, leur *neutralité*, sous la garantie des grandes puissances, comme on a fait de la Suisse et de la Belgique ; ou, enfin, de faire libres toutes les villes du littoral, et de reconstituer une sorte de *Ligue Hanséatique !* Remonter au moyen âge !

En vérité, nous n'avons pas le courage de discuter de pareilles propositions : les énoncer, c'est en faire la réfutation. Voyez-vous l'Europe s'engager dans de telles difficultés, par le seul amour de conserver la Tunisie dans sa souveraineté et son intégralité? Car on insiste toujours pour la neutralisation de la Tunisie. *Tuenda Carthago !*

Tous ces expédients sont absolument impraticables. La neutralisation est un non-sens pour un Etat qui ne peut ni se soutenir, ni se protéger lui-même.

On paraît oublier aussi que la Suisse, comme la Belgique, ont su conquérir leur indépendance ; et que c'est à raison de leur situation géographique et de leur vitalité, que l'Europe, par des considérations d'ordre supérieur, a voulu la leur conserver.

Mais quelles raisons politiques pourrait-on faire valoir pour neutraliser la Tunisie ? Quelle importance a donc, pour l'Europe, ce petit Etat de la côte africaine, endetté, sans population, sans industrie, sans gouvernement? On ne met pas d'étais à un édifice vermoulu : on le laisse tomber, ou on l'abat, sauf à utiliser les matériaux sains qui se trouvent dans ses décombres !

CHAPITRE IX

Des prétentions de l'Italie.

I

La Tunisie tombée, à qui reviendra-t-elle ?

L'Italie la revendique. — Et la France aussi.

Voyons d'abord l'Italie.

Quels sont les droits de l'Italie ? — Aucuns.

De ce que Rome antique a possédé Carthage, il ne s'en suit pas que Rome moderne ait droit à son ancien territoire. Puisque les Romains ont conquis presque toute l'Europe, et une grande partie de l'Afrique et de l'Asie, pourquoi la revendication se bornerait-elle à une partie seulement de l'Afrique ? Mais la France a débordé bien au delà de ses frontières actuelles ! Elle a même possédé toute l'Italie ! L'Angleterre a vu ses souverains couronnés rois de France ! L'Espagne ne voyait pas le soleil se coucher dans ses domaines ! Est-ce que cela autorise autant de revendications ?

Au XVIᵉ siècle, l'Espagne a possédé la Tunisie pendant quarante ans. Elle y a fait des travaux dont les ruines attestent l'utilité et la grandeur. Nous y rencontrons les grands noms de Charles-Quint, de Philippe II et de don Juan d'Autriche ; a-t-elle jamais pensé à revendiquer ce pays ? Et n'aurait-elle pas plus droit de le faire, si des droits pouvaient s'établir sur une possession antérieure, puisque ceux de l'Italie remonteraient à la république romaine, prescrits bien antérieurement à ceux des Espagnols ?

Ce système de revendications conduirait à bouleverser le monde, à rayer de la carte les Etats qui se sont constitués, et à refaire le moyen âge et l'antiquité.

Il faut donc écarter cette première considération.

II

L'Italie a environ 14.000 de ses enfants en Tunisie, où ils ont été attirés, en majeure partie, par les grands travaux que la France y a exécutés, tels : la restauration de l'aqueduc de Carthage (1), les chemins de fer, etc. Grâce aux capitaux français, ils trouvent là, au moins, du travail et du pain. Mais la France, avec ses protégés, a une population presque égale, et l'Angleterre aussi ; où serait le motif de la préférence ?

A l'exception des émigrés temporaires qui rentrent avec le produit de leur travail pour émigrer encore, et définitivement, on peut affirmer que c'est sans esprit de retour que la plupart des Italiens quittent leur pays. Les quelques familles aisées, fixées depuis longtemps en Tunisie, n'ont jamais pensé à retourner dans leur patrie. Ils disent tout haut qu'ils préféreraient beaucoup voir la Tunisie annexée à l'Algérie, plutôt qu'à l'Italie. Avec l'Italie, ce serait retomber dans la détresse qu'ils ont fuie ; avec la France, c'est la richesse. Est-ce que les 25.000 Italiens qui habitent l'Algérie sont molestés dans leur personne ou dans leurs intérêts ? Pourquoi le seraient-ils dans la Tunisie, extension de l'Algérie ? La population arabe, elle-même, manifeste une grande préférence pour les Français, *parce qu'ils sont riches.* Il n'est jamais entré dans l'esprit d'un Arabe que, si son pays venait à perdre son indépendance, ce serait au profit de l'Italie. « Les « Italiens, les Italiens, qu'est-ce qu'ils viennent faire ici ? Ils « parlent toujours de leur argent, et on ne le voit jamais. Ils ne « nous ont apporté que les orgues de Barbarie et leur maca- « roni. » (*Conversation surprise entre deux Arabes.*)

En émigrant de leur pays, où rien ne se fait, mais où l'on parle beaucoup, les Italiens se répandent un peu partout, en Amérique principalement, et même dans le riche pays de France, puisque la seule ville de Marseille, dont ils peuplent les hôpitaux, en possède 62.000. L'émigration est si considérable que, dans une période de dix années (1868-1879), on a compté une moyenne de 116,799 émigrants, temporaires ou définitifs, dont 34,85 0/0 se sont rendus en France.

Et cependant, ce ne sont ni les terres à cultiver, ni les marais à assainir, ni les rivières à endiguer, ni les voies de communication à établir, qui manquent à la population italienne. A peine le cinquième du sol est-il cultivé, 25 millions d'hectares, grevés

(1) Voy. notre article : L'*Aqueduc de Carthage et sa restauration.* Réforme économique, liv. du 15 octobre 1880.

d'un milliard pour impôts et intérêts usuraires des emprunts. Les pertes périodiques, provenant des inondations, se chiffrent, annuellement, par cent millions, au minimum, sans y comprendre les frais, périodiques aussi, des réparations qui, pratiquées sur une échelle étroite, constituent un vrai tonneau des Danaïdes. En 1872, ces réparations coûtaient 48 millions ; celles de 1879 ont coûté 25 millions au moins, somme qui restera, à son tour, engloutie par une prochaine inondation, faute d'un travail général, d'ensemble, qui est au-dessus des ressources actuelles du pays.

Avant de penser à coloniser la Tunisie, l'Italie ferait donc bien mieux de se coloniser elle-même.

Pendant ce temps aussi, la misère entretient l'émigration ; l'insalubrité de la Sardaigne en chasse les habitants ; la *pellégra*, cette anémie causée par la misère, enlève plus de cent mille paysans tous les ans ; la *camorra* règne à Naples, comme la *mofia* en Sicile ; et le lazzaronisme un peu partout ; le brigandage s'entretient la main ; la marine marchande tombe en cinquième rang, faute de pouvoir remplacer ses vieux vaisseaux ; l'industrie languit ; les revenus diminuent (de 91 millions en 1880) ; le poids des impôts augmente ; les cris de la faim imposent la suppression de l'impôt sur la mouture ; les principales villes font faillite ; nombreuses sont les expropriations pour payer l'impôt ; et la dette publique ne cesse d'augmenter, parce que tous les budgets se soldent en déficit (de 16 millions en 1880).

Et, ajoute encore notre correspondant : « Les Italiens d'aujour-
« d'hui sont apathiques ; ils sont indifférents pour les intérêts
« les plus grands de leur pays... Ils bavardent dans les réunions,
« intriguent dans les assemblées, salissent le papier par rames
« pour assouvir les haines factieuses... Quant au reste, quant
« aux besoins de la nation, à ses finances, à ses colonies, ils en
« parlent seulement comme sujet de mérite ou de faute politique,
« et jamais comme base de réformes sages ou de mesures effi-
« caces. »

Nous croyons que tout cela est bien vrai.

Mais nous n'éprouvons aucun plaisir, comme on pourrait le penser, à représenter ainsi *les Italiens peints par eux-mêmes*.

L'Italie nous est chère, parce qu'elle est notre voisine, et que nous l'avons aidée dans sa résurrection. Nous ne pouvons oublier, non plus, qu'elle est la génératrice de notre race latine ; que nous lui devons notre langue, notre législation, notre religion, bases fondamentales de toute nationalité. Ses arts, sa littérature, sa poésie, sa gloire passée, ses grandeurs, ses souffrances, ses malheurs, nous ont, tour à tour, émus et passionnés. Pour soulever le couvercle de plomb qui pesait sur elle, pour briser ses chaînes, pour en réunir les anneaux brisés et dispersés afin d'en former une seule nation — le royaume d'Italie — elle a rencontré dans tous les grands cœurs encouragement et sympathie ; mais nulle autre nation que la nation française ne lui a prodigué son sang et ses trésors.

Nous voudrions donc voir l'Italie se souvenir.

Car nous avons souvenir, nous, que, non pas la nation italienne, non pas le gouvernement italien, mais qu'une valeureuse phalange de libéraux italiens est venue mêler son sang au nôtre, alors que nous luttions contre ceux qui voudraient, aujourd'hui, et à leur profit, rompre cette alliance des champs de bataille.

Nous aimons donc l'Italie comme tout ce qui est jeune, ardent, libéral. Sous la conduite d'un roi dont elle peut être fière, elle a conquis une place parmi les grandes puissances, mais non pas seule, ce qu'elle oublie de trop. Au lieu de songer à s'épancher davantage, de rêver du Tyrol, de Trieste, de la Tunisie, voire même de Nice et de la Savoie, et que sait-on encore ? l'Italie ferait plus sagement de s'occuper d'elle exclusivement, de se faire, *fara da se* ; car, si une secousse venait à se produire en Europe, elle ne serait pas longtemps sans s'apercevoir que ses provinces diverses ne sont que juxtaposées, et que son unité, une forte unité comme celle de la France, n'est pas encore faite. L'Italie n'a pas de colonies, nous le savons bien ; mais elle a le grand avantage d'être située au milieu de la Méditerranée, et de faire, sur les côtes, un service de transport, un grand cabotage, qui peut donner satisfaction aux instincts maritimes de sa population, et lui procurer de grands avantages. A notre avis, elle devrait se contenter de cette situation déjà assez enviable, et s'efforcer de la consolider en l'améliorant.

Le temps et les événements feront le reste.

III

Il est visible, d'ailleurs, que l'Italie a plus de regret que d'espérance de jamais posséder la Tunisie : ses différentes combinaisons l'attestent. Qu'elle ait le regret, comme l'Allemagne, de ne pas avoir de colonies, et que, comme elle, elle cherche a en acquérir, rien de plus légitime ; mais nous ne devons pas lui en laisser fonder de menaçantes pour nous.

Les Italiens prétendent que leur commerce avec la Régence est plus important que celui des Français.

Connaissant l'industrie de ces deux nations, *à priori*, cela paraît peu vraisemblable ; mais c'est le contraire qui est la vérité. On ne voit guère, à Tunis, que des commis-voyageurs ou des chefs d'établissements français : plusieurs, même, sont commissionnés par des maisons anglaises et italiennes. Le seul commerce des vins de France, et l'article de Paris, dépassent le chiffre des affaires italiennes. Et, ce qui est à remarquer, c'est que la plupart des commerçants italiens, établis à Tunis, font leurs affaires avec Marseille. Les Français d'abord, les Anglais ensuite, et les Italiens en troisième ordre, voilà l'importance des relations commerciales.

Il est vrai, pourtant, que le plus grand mouvement maritime appartient à l'Italie.

Ainsi, sur 683 navires à voile ou à vapeur, entrés dans le port de la Goulette, en 1879

Et 127 faisant le cabotage,

Total... 810

On en compte 529 appartenant à la marine italienne.

Il en reste donc 281 pour les autres marines réunies.

Total égal... 810

Mais, sur ces 529 navires italiens,

Total...... 349 { 69 sont entrés sur lest, ou n'ont rien déchargé, 250 sont repartis sur lest, ou sans chargement.

Il reste donc 210 qui ont fait un chargement plus ou moins complet.

Or, si 210 navires ont pu gagner quelque argent, 319 en ont certainement perdu : il est donc probable que le gain aura été absorbé, ou au moins compensé avec la perte. En tous cas, le gain ne peut pas être bien considérable, puisque la valeur des importations, en 1879, ne s'est élevée qu'à 23 millions de piastres (14.000.000 de fr. environ), dont partie seulement par et pour les Italiens.

Il est entendu que nous ne faisons aucune part à la contre-bande !

L'Italie devrait donc vivement désirer le développement industriel et agricole de la Tunisie : elle serait la première à en retirer avantages par son voisinage et sa situation si privilégiée sur la Méditerranée. Mais rêver de la conquête d'un territoire étranger, quand on est si peu maître du sien, ce serait de la folie. La grande ombre de Cavour en préservera sa nation.

L'état économique du royaume d'Italie est un empêchement à toute entreprise au dehors ; ses ressources, s'il en avait, seraient bien plus fructueusement employées à l'intérieur. La Tunisie resterait improductive entre ses mains. Au lieu de capitaux qu'elle ne saurait y apporter, elle drainerait le peu d'or et d'argent qui y reste, pour le remplacer par son papier-monnaie. Ce ne serait pas le développement, ce serait l'exploitation et la ruine du pays. Les revenus concédés aux créanciers seraient confisqués, pour être englobés dans ceux de l'Etat ; la commission financière disparaîtrait, et toute garantie avec elle ; les intérêts, payés en papier-monnaie, feraient tomber les Obligations au plus bas prix, perte considérable pour les Français, porteurs de cent millions.

Nous donnons des subventions à l'évêque, aux frères, aux sœurs, et à d'autres encore ; l'Italie les continuerait-elles ?

Nous avons des conventions pour l'établissement d'un service postal que les Italiens eux-mêmes préfèrent à leur propre service, surtout pour les envois d'argent. La télégraphie nous est un monopole que les vaines prétentions du gouvernement italien viennent de consolider ; ces administrations seraient-elles supprimées, ou passeraient-elles sous la direction de l'Italie? Et, qui rembourserait ce qu'elles nous ont coûté ? Nous accordons une subvention au service maritime qui dessert le littoral tunisien; la continuerions-nous, si la Régence devenait colonie italienne? Nous payons près de 5 millions, chaque année, pour les intérêts du capital employé dans la construction du chemin de fer, ce qui donne aux titres la solidité de la rente française; est-ce que l'Italie pourrait se substituer à tout cela, et offrir les mêmes garanties? Y consentirions-nous d'abord? Et, quelle valeur auraient des titres, actions ou obligations, qui cesseraient d'être garantis par le Trésor français?

Si l'Italie venait à posséder la Tunisie, elle devrait rembourser à la France le coût de ses chemins de fer, comme l'Allemagne l'a fait pour ceux de l'Alsace-Lorraine; le coût du réseau télégraphique; celui de l'établissement des postes, etc.; avec quoi paierait-elle?

D'immenses domaines, ceux de Khéridine, et la concession de Sancy, ont été acquis par une compagnie française; d'autres propriétés d'une grande étendue ont été achetées et par l'archevêque et par les trappistes d'Alger, et par de riches particuliers, que nous ne nous croyons pas autorisé à faire connaître; un magnifique collège vient d'être construit sur le plateau de Saint-Louis, etc.; où sont les acquisitions territoriales faites par les Italiens?

Ce n'est pas à plaisir que nous accumulons toutes ces difficultés, car nous pourrions en allonger la liste; nous avons voulu seulement démontrer combien, financièrement parlant, l'Italie serait impuissante, et combien aussi la Tunisie se trouvait inféodée à la France.

IV

Qu'est-ce que l'Italie pourrait mettre en parallèle?

« C'est vraiment stupide, dit un publiciste italien des plus
« sensés, que de prétendre comparer l'Italie à la France, en
« Afrique, sans tenir compte de la quantité de sang, de la quan-
« tité d'argent, du grand travail dépensé par la France, depuis
« un demi-siècle, précisément pour assurer sa puissance sur le
« littoral algérien. Nous autres Italiens, nous avons, seuls,
« l'étrange prétention de vaincre sans combattre, et de cueillir
« les fruits à l'arbre sans avoir d'abord travaillé pendant plu-
« sieurs années. »

Nous devons donc regretter que le gouvernement italien ne se soit pas inspiré de ces sages conseils. Comme un prodigue qui cherche à s'étourdir sur sa position de fortune, il a fait acheter, sous un nom voisin de la faillite, le chemin de fer de Tunis au Bardo et à la Goulette, d'une valeur vraie de 900.000 francs, moyennant une somme qui dépassera 5 millions, dont il a garanti l'intérêt à 6 0/0, jusqu'à concurrence de ces 5 millions, et qui coûtera un autre million au moins pour être mis en état. C'est donc de 300.000 fr. chaque année que le gouvernement italien a grevé son budget, toujours en déficit. En faisant cette acquisition inconsidérée, le gouvernement italien n'a eu d'autre but que de se créer des intérêts matériels en Tunisie, de chercher à contrebalancer ceux de la France, et d'affirmer ses prétentions sur cette province. Nous ne parlerons pas des injures et des menaces de la presse Bismarko-italienne : nous pouvons les dédaigner. Nous constaterons seulement que notre gouvernement, qui avait promis de garder la neutralité dans cette affaire, sur engagement semblable du gouvernement italien, ne s'est pas laissé jouer, et qu'il a obtenu du Bey, au profit d'une Compagnie française, la création du port à Tunis, et une extension de 250 kil. de voies ferrées. La petite ligne de Tunis-Goulette restera donc sans trafic, par la concurrence que lui fait la batterie sur le lac ; et aussi parce que la tête de ligne du chemin de fer de Bône-Guelma et le port, vont se trouver réunis. Il faut pourtant retenir ce procédé peu loyal de l'Italie à l'égard de la France. On pourrait s'en souvenir un jour.

V

Le fer, le feu et le sang ont pu faire leur œuvre d'un moment ; mais cette œuvre, qui ne se consolide pas, est condamnée à périr, comme tout ce qui a pour bases la violence et l'iniquité. La prédominance actuelle est à la race latine ; celle de l'avenir est aussi à elle, parce que c'est dans cette race que se trouve la plus grande somme d'activité et d'intelligence. La force, seule, s'énerve et s'affaiblit. C'est aux dons de l'intelligence que la plus grande place est réservée dans le monde. La race latine, qui a eu l'Italie pour berceau, a produit un rejeton au moins plus vigoureux qu'elle, le Français : c'est sur lui qu'elle devrait s'appuyer. Il l'a soutenue déjà dans ses défaillances et dans ses luttes, et il est prêt à le faire encore ; mais c'est à la condition d'une entente rationnelle et cordiale. L'Italie peut avoir des revendications légitimes à faire, bien qu'elles lui soient contestées ; mais elle ne pourra les conquérir qu'avec un appui qu'elle n'a pas encore su obtenir. Vouloir disputer à la France la Tunisie, qui lui est déjà virtuellement acquise, par sa prédominance aussi légitime qu'incontestée, et qui est déjà soudée à l'Algérie, est donc aussi inhabile qu'impolitique. Le gouvernement italien ne sait pas combien il perd en considération par l'opposition constante, la guerre sourde, les taquineries, la rivalité presque agressive de ses agents. La France trouve toujours l'Italie ouvertement sur son passage, ou cachée dans les couloirs ; et, sauf ce succès passager et peu honorable de l'acquisition du petit chemin de fer de la Goulette, l'Italie ne compte guère que des échecs.

Nous croyons donc que les hommes de plume comme ceux de parole, que les hommes d'Etat de l'Italie feraient acte de sagesse et de patriotisme bien compris, en éclairant l'intelligente nation italienne sur ses véritables intérêts et sur les dangers auxquels elle pourrait s'exposer. Il faut savoir renoncer à ce qu'on ne peut obtenir.

Il y a certainement, en Italie, un fort courant d'opinion en faveur de la France. Les journaux italiens, subventionnés par M. de Bismarck, pour créer des difficultés avec la France, ou grossir le plus petit incident, ne sont pas les vrais organes de l'opinion publique. Il n'y a aucune affinité de race, de langue, de mœurs, de caractère, entre les Italiens et les Allemands. Leurs relations d'intérêts ne sont même pas très considérables. Il ne peut donc y avoir aucune attraction de l'Allemagne vers l'Italie, et réciproquement. Sans doute, le roi Humbert est Autrichien par sa mère ; la reine Marguerite appartient à la famille régnante de Saxe ; le roi, lorsqu'il va à Berlin, aime à endosser l'uniforme du régiment prussien dont il a le commandement. A l'aide de ces circonstances, on a bien pu créer un engouement factice en faveur de l'Allemagne ; mais, d'instinct, la nation ne le partage pas. L'Italie a bien plus d'expansion naturelle vers la France libérale et républicaine, que vers le gouvernement tyrannique et brutal des Teutons. C'est un tort lorsque la politique des cours ne s'inspire pas de l'intérêt des peuples, parce qu'il est toujours dangereux de froisser le sentiment national dans un intérêt dynastique.

Citoyens Cis-Alpins ou Trans-Alpins, ne donnons pas dans le piège. La Tunisie est la pomme ramassée par l'Allemagne pour faire naître et entretenir la discorde entre l'Italie et la France. Certes, la Tunisie, isolément, ne vaut pas une grande guerre ; mais la Tunisie, pour la France, c'est la possession définitive et paisible de l'Algérie, c'est le prix de notre sang et de nos trésors. Et autant il est vrai que la nation italienne désavouerait son gouvernement dans une guerre pour la Tunisie ; autant il est vrai que la nation française serait prête à tous les sacrifices, si sa conquête venait à être menacée. « Le pays, disait judicieusement « le journal *l'Italie*, ne suivrait pas le ministère dans une période « d'aventures en Tunisie. Ces ambitions, que le pays ne ratifie « pas, sont inopportunes, sinon dangereuses. La position pré« pondérante de la France, en Tunisie, est bien moins l'effet des « efforts du gouvernement français, que de l'activité commerciale « déployée dans la Régence, depuis un demi-siècle, par les Fran« çais, et des capitaux qu'ils y ont apportés. »

Recueillons encore ces précieuses lignes, de la lettre de Naples, du 20 janvier 1881, à propos de la mission tunisienne envoyée à Palerme, et publiée par l'agence Havas :

« Le public politique, en Italie, comprend fort bien que la « France, en affirmant son *Protectorat* sur Tunis, ne fait que « mettre un nom à l'état de choses existant depuis la conquête » d'Alger ; que cette politique lui est impérieusement comman« dée par la sécurité de l'Algérie ; que l'Italie, maîtresse de l'Al« gérie, n'agirait pas différemment que ne le fait aujourd'hui la « France ; et enfin, que la colonie italienne, à Tunis, sera la « première à profiter des nouvelles garanties de prospérité et « de sécurité que le *Protectorat* français ne peut manquer d'ap« porter aux affaires de la Régence. »

Nous voulons en rester sur ces sages et patriotiques considérations. Elles sont le commentaire de la sentence de Visconti-Venosta : « *L'Italie n'est pas assez riche pour se permettre le luxe d'une Algérie.* »

CHAPITRE X

Des droits de la France.

I

La Turquie sans forces, ou avec des droits caducs ;
L'Angleterre silencieuse, surveillant, mais laissant faire ;
L'Italie impuissante et sans droit ;
Reste la France.

Nous avons exposé, maintes fois, combien la France avait eu d'occasions de conquérir la Tunisie. Le droit ne lui manquait pas : elle a préféré être patiente et tolérante, dans l'espérance d'un relèvement qu'elle a encouragé et protégé, mais qui ne s'est pas réalisé.

La France n'est pas pressée de s'annexer la Tunisie : elle laissera les événements s'accomplir. Nous avons assez de l'Algérie, dont le territoire civil vient d'être doublé, pour l'emploi de nos capitaux et l'activité de la population. Que déjà, nous ayons pris possession de la Tunisie par les sommes que nous y avons versées, les grandes acquisitions que nous avons faites, les importants travaux que nous avons exécutés et qui se continuent, c'est un fait indéniable. L'acquisition de la Tunisie sera loin d'être avantageuse pour le trésor français, parce que l'incurie du gouvernement des Beys y a laissé tout à faire. De longtemps, ce ne sera une acquisition lucrative ; mais, dès maintenant, c'est une acquisition nécessaire pour la sécurité et la prospérité de l'Algérie. L'Algérie fait partie du territoire français, et nous ne devons pas permettre, qu'à côté de nous, vienne se placer une puissance rivale qui puisse troubler la tranquille possession de notre territoire.

Aussi, la France ne le voulût-elle pas, qu'une décision s'impose à elle.

Il est manifeste, pour tous ceux qui connaissent ce pays, qu'il tombe, et qu'il sera bientôt à ramasser, s'il ne se prête pas à une transformation qui devra prolonger son existence.

On le sait si bien, que tout le monde s'attend à une prise de possession par la France, et que beaucoup d'affaires sont ajournées jusque-là.

Sur les places et dans les rues ; dans les cafés et dans les réunions ; dans les villes comme dans les tribus ; chez les musulmans, les juifs et les chrétiens ; parmi les passagers et les touristes, c'est une conviction, c'est une espérance, c'est une attente.

Après avoir visité toute la côte africaine, particulièrement l'Algérie, et comparé l'état de notre colonie avec celui des autres régions parcourues, M. Noyes, ministre américain à Paris, disait lui-même : « *Il ne faudrait pas regretter de voir les Français « maîtres de toute l'Afrique du Nord.* »

On croyait l'annexion faite, lorsque le chemin de fer a été concédé (mars 1877) ; et aussi lorsque la première section, jusqu'à Medjez-el-bab, en fut ouverte (avril 1879).

Plus tard, on crut que nous voulions profiter de l'incident de Sancy, alors qu'on nous voyait plus de torts que de raisons.

Les chrétiens y applaudiront, parce qu'ils savent que la France est leur protectrice traditionnelle et reconnue dans tout l'Orient ; les israélites, nos protégés en grand nombre, les plus riches et les plus influents, s'en réjouiront ; les Arabes, heureux d'être débarrassés des exactions et de la bastonnade, diront, comme tous bons musulmans : *Mecktoub,* c'était écrit, et se soumettront ; car ils sont bien plus dociles que les Algériens.

Dire qu'au loin, il n'y aura pas quelque caïd qui protestera par la révolte, sous forme de refus d'impôt, ce serait nier une chose probable ; mais ce serait sans danger, ni comme nombre, ni comme étendue. Ici, l'idée de patrie n'existe pas, et presque toutes les tribus sont hostiles les unes aux autres. L'Arabe tunisien qui voit combien est préférable la condition de ses coreligionnaires Algériens, avec lesquels il a de fréquentes relations, espère et attend aussi.

Comme nous l'avons déjà dit, ce serait une prise de possession plutôt qu'une conquête, parce que les satisfaits l'emporteraient de beaucoup sur les mécontents.

Chose singulière ! tous le désirent, tous nous attendent, ou sont prêts à se soumettre, et nous hésitons toujours !

Les puissances ne feraient aucune protestation. L'Italie elle-même, après un mouvement de mauvaise humeur, se calmerait, et comprendrait qu'elle a plus d'intérêt à marcher d'accord avec nous, son alliée naturelle, pour des revendications plus légitimes ; car elle ne peut ignorer que ceux qui possèdent encore Trieste, alliés à l'Allemagne, regrettent toujours la Vénétie jusqu'à Vérone. Et qui sait si, par les avantages commerciaux et politiques qu'elle y trouverait, nos relations ne se consolideraient pas avec elle ?

Alors, l'Algérie nous sera irrévocablement acquise, parce qu'elle ne recevra plus d'instruments de révolte par la Tunisie.

Et, alors aussi, il sera possible d'enlever quelques régiments à l'Algérie, devenue paisible, pour les porter en Tunisie, sans grossir les budgets.

Les titres de la dette tunisienne se relèveront à un cours raisonnable ; grande satisfaction pour gens de toute croyance et de toute nationalité, qui nous seront un ferme appui.

Les lignes de chemins de fer se multiplieront ; la culture se développera et se perfectionnera ; toutes les richesses de ce pays si privilégié pourront être exploitées ; et la Tunisie, plus riche que l'Algérie, mais devant lui être réunie, sera, un jour, la plus précieuse de nos colonies.

II

On ne peut plus méconnaître que des colonies augmentent et complètent la richesse et la puissance d'un Etat. Que serait le petit Portugal, sans ses colonies, restes de tant de découvertes et de conquêtes ? Combien l'Espagne n'a-t-elle pas été amoindrie depuis la perte de ses colonies continentales d'Amérique ; et quels efforts ne fait-elle pas pour conserver Cuba ? Que serait la Hollande, ce sous-sol marin, sans ses possessions lointaines ? D'où les villes Hanséatiques tiraient-elles leurs richesses ? Et les républiques italiennes du moyen âge : Venise, Gènes, Pise, Florence, cette Athènes de la Renaissance, etc., grandeurs déchues, richesses et pavillons disparus par l'affaiblissement de leurs métropoles ? Imaginez que l'Angleterre perde ses colonies, que deviendrait sa marine et la puissante Albion elle-même ? Qu'était le commerce de la France sous le blocus continental ?

La colonie tunisienne, si renommée dans l'antiquité, serait donc pour nous une nouvelle source de richesses.

Il n'y a rien de forcé dans les teintes différentes que nous lui avons données.

C'est là une de ces conquètes pacifiques qu'ambitionnait l'honorable M. de Freycinet ; et il serait coupable de ne pas la faire, puisqu'elle est à faire.

La Cochinchine, le Cambodge, le Tonkin, les Nouvelles-Hébrides sont déjà, ou seront bientôt sous la protection du drapeau français. Pourquoi dédaignerions-nous la Tunisie, si proche, si facile, si importante ?

III

Le gouvernement italien veut bien nous dire qu'il n'a aucune prétention sur la Tunisie, et qu'il ne désire que le *statu quo* et la protection des intérêts de ses nationaux.

Est-ce que ces intérêts ne sont pas suffisamment protégés en Algérie ? Est-ce qu'ils le seraient moins dans la Tunisie réunie à l'Algérie ?

Mais ce *statu quo* ne peut pas être de longue durée : on en fixe déjà l'échéance ; et alors ? Que la France accepte cet état de lutte permanente dans la certitude de le voir bientôt cesser, elle fait preuve de sagesse. Mais croit-on qu'au lieu d'un Souverain, devenu débonnaire, elle acceptera, sans conditions, son successeur, qui a manifesté tant d'antipathie pour nous, lors de l'acquisition du chemin de fer de la Goulette ? On ne s'y attend pas, sans doute ; et c'est alors que cette *Question tunisienne* devra être tranchée.

Car il est puéril d'éluder les solutions.

Il est certain que la Tunisie, comme tout état musulman, disparaîtra avant longues années, non pour se transformer, mais pour être absorbée.

Or, qui acquerra la Tunisie ?

Est-ce la France, par annexion à l'Algérie ?

Est-ce l'Italie, par conquête, et malgré la France ?

Qui a le plus de droits ? qui a le plus d'intérêts ? qui a le plus de moyens de faire prévaloir sa volonté ?

Voilà la question, et il n'est pas difficile de la résoudre.

Excepté pour les *Irredenti,* ces *Intransigeants* de l'Italie.

IV

S'il est puéril d'éluder les solutions, il est dangereux aussi de laisser les questions se déplacer.

Ce que l'on appelle : *Question Tunisienne*, n'est qu'un différend, ou une suite de différends, entre la France-Algérie, et la Tunisie sa voisine. L'Italie n'a rien à y voir. A nous seuls appartient de solutionner ces différends, sans qu'un tiers ait le droit d'intervenir.

Nous admettrons cependant que, si cette solution devait être un danger pour un Etat voisin, celui-ci pourrait intervenir pour faire ses observations ; mais en quoi l'Algérie, étendue par la Tunisie, pourrait-elle devenir un danger pour l'Italie ?

Pour assurer sa sécurité, l'Autriche-Hongrie a cru devoir occuper la Bosnie et l'Herzégovine, qu'elle n'abandonnera jamais. Quelle opposition a-t-on faite contre cette prise de possession ?

Devant la Chambre des Seigneurs, au cours des débats sur une question de chemins de fer, M. de Schmerling vient de déclarer que, *même sans le mandat donné par le congrès de Berlin, l'Autriche aurait eu le droit entièrement d'occuper la Bosnie pour sauvegarder ses propres intérêts;* qu'il croyait que cette occupation serait permanente ; et que l'Autriche avait par conséquent intérêt à augmenter le bien-être des pays occupés.

Par analogie, la France n'aurait-elle pas autant de droits de prendre possession de la Tunisie ? Quelle puissance s'y opposerait ? Au congrès de Berlin, l'Angleterre eut l'initiative de l'offre de la Tunisie ; l'Allemagne appuya cette proposition ; ni l'Autriche-Hongrie, ni l'Italie, ni la Russie ne firent d'objection ; nous seuls avons eu l'incroyable maladresse de refuser ! Mais nous pouvons revenir sur ce refus, et nous prévaloir de ces offres, ou de ce consentement tacite, sur lesquels on ne reviendra pas.

Il faut donc maintenir cette question sur son véritable terrain, et la restreindre à ce qu'elle est réellement : entre la France et la Tunisie, en écartant toute ingérence de l'Italie, ou de toute autre puissance.

V

Pendant que nous écrivons et que nous discutons ; que nous envoyons des Commissions et demandons des Rapports ; que nous nous occupons d'un chemin de fer sans trafic suffisant, et d'une exécution fort problématique (2.500 kilomètres à travers le désert) ; les autres agissent et vont de l'avant : *acta, non verba.* L'Angleterre, l'Italie et le Portugal se sont déjà emparé de territoires étendus dans l'Afrique équatoriale, et on doit croire que ce ne sont pas les moins avantageux. Et nous, avec notre insouciance et notre esprit, nous demanderons un jour, comme François Ier, quelle est la clause du testament d'Adam qui autorise les Anglais, les Italiens et les Portugais, à se partager le nouveau monde !

Le Nouveau-Monde ? C'est l'Afrique révélée ; ce sont les Indes modernes !

Au XVIIIe siècle, les fautes de la monarchie nous ont fait perdre les Indes Asiatiques, dont les Anglais se sont emparé, sources de leurs richesses et de leur puissance maritime, origine de notre décadence (1). Mais, les Indes, c'est loin, quelque rapprochées qu'elles soient par le canal de Suez, autre création française, qui tombera un jour entre leurs mains ! La République du XIXe siècle ne commettra pas une faute aussi lourde. Pacifique, mais vigilante, et pouvant se faire respecter, elle saura, avec ses hommes d'élite, ses richesses et son crédit, profiter d'une position déjà acquise, et accroître notre fortune et notre puissance par une augmentation de territoires disponibles et pleins d'avenir.

Du Maroc à Tripoli, toute la côte doit nous appartenir.

---

(1) Il ne nous reste plus que 280.000 habitants, parqués dans 508 kilomètres carrés.

CHAPITRE XI

Du Protectorat.

Cependant, nous ne demandons pas une acquisition violente.

La fermeté et l'esprit de suite n'excluent ni les ménagements, ni la prudence.

Pour la Tunisie, dont nous nous occupons spécialement, une transition nous semblerait nécessaire ; ce serait le PROTECTORAT, mais le *Protectorat* effectif ; car, en l'état, nous en avons tous les soucis et les dangers, sans en retirer aucun avantage.

Nous n'avons pas à préciser ce qu'il devrait être, parce qu'il y a de nombreux exemples ; nous laissons cela à la diplomatie.

Le Bey accepterait-il cette autre suzeraineté ? C'est douteux ; mais la prudence lui conseillerait de céder.

Il lui serait représenté : qu'il sera ainsi débarrassé de toute compétition ; qu'il n'aura plus à craindre que le Sultan cède ses droits à une autre puissance qui le maîtriserait, ou le renverserait ; que la faiblesse de son gouvernement facilite des insurrections comme celles de la Kabylie ou de l'Aurès, ou des massacres comme ceux de Tabarque, ou d'incessantes violations de territoire, ce qui trouble ou rend précaires nos possessions algériennes ; que nous avons droit de veiller aux intérêts si considérables et si compromis que nous avons dans la Régence, et le devoir de prendre les mesures nécessaires pour les sauvegarder ; que le *Protectorat* français n'est pas si dur à supporter, puisqu'après avoir été exercé pendant quarante-trois ans sur Taïti, ce sont les chefs eux-mêmes de l'archipel qui ont demandé leur annexion à la France ; que ce *Protectorat* est même le seul moyen de prolonger l'existence de sa dynastie, bientôt deux fois séculaire ; etc. — Que s'il résistait à ces sages remontrances, ce que nous ne croyons pas, il y aurait à aviser, afin que les puissantes raisons qui militent en faveur du *Protectorat* ne restent pas sans efficacité.

En 1849, le général de Mac-Mahon, alors commandant de la province de Constantine, avait reçu l'ordre d'envahir la Tunisie. Ses colonnes étaient formées, son mouvement était commencé, lorsque la politique vacillante du Prince-Président lui envoya contre-ordre. Ce fut une faute, comme celle qui a été commise au Congrès de Berlin ; mais cette faute est réparable, et elle pourrait être réparée.

En Tunisie, comme au Maroc, comme à Tripoli, les populations sont lasses de leurs gouvernements : elles sollicitent un changement, *Protectorat,* ou autre.

Le *Protectorat* ne soulèverait aucune protestation extérieure, et conduirait invinciblement et fatalement à l'*annexion.*

Ainsi serait résolue, *pacifiquement,* une question qui n'a paru dangereuse que parce qu'elle n'a pas été suffisamment étudiée.

Et il en sera ainsi, si la France le veut ;

C'est son droit, et c'est aussi son devoir.